Alessandra Migliaccio

Lo specchio riflesso

La via comportamentale dell'attività motoria

Lo specchio riflesso – La via comportamentale dell'attività motoria

ISBN: 9798835477173

Progetto grafico: Vincenzo Maione alias Becho © 2022.
www.vincenzomaione.com

Alessandra Migliaccio

Lo specchio riflesso

La via comportamentale dell'attività motoria

Una proposta didattica per alunni con disturbo dello spettro autistico per la scuola primaria e secondaria di primo grado

Premessa a cura della dott.ssa Rosaria Benincasa

"Le regole dell'imitazione non limitano l'individuo autistico, ma donano delle coordinate per vivere delle esperienze nella loro semplicità".

Vincenzo Maione

Indice

Indice delle figure

Prefazione

Questo studio[1], ricco di idee e di suggerimenti per gli educatori sensibili e motivati, evidenzia il ruolo e la funzione dell'attività motoria all'interno della via comportamentale, strategia elettiva nel trattamento dei bambini con spettro autistico. Lo scopo dello studio è di dimostrare come l'attività motoria, tramite procedure individualizzate e costruite ad hoc, può facilitare l'integrazione e la socializzazione di un alunno con disturbo dello spettro autistico. In particolare, attraverso l'attività motoria nel gioco "Peteka", si possono incrementare la durata dell'interazione sociale, l'attenzione congiunta e l'imitazione, aumentando come dato di correlazione il repertorio comunicativo delle richieste (mand) e delle risposte a domande, conversazione (intraverbale).

Parole chiave: autismo, imitazione, prossemica, contatto oculare, comportamento sociale, gioco peteka.

[1] Il titolo "Lo specchio riflesso" si riferisce ad un gioco per bambini, che sviluppa le capacità espressive e la padronanza del proprio corpo. Ha come obiettivo l'imitazione dei movimenti del proprio compagno di gioco. L'imitazione è l'area pivotale per l'apprendimento e in questo caso è stata sviluppata attraverso il gioco sport della Peteka.

Premessa

a cura della dott.ssa Rosaria Benincasa

Scrivere la prefazione di un libro di Alessandra è per me un onore e un impegno. Ho osservato con ammirazione il lavoro di Alessandra, il progredire delle sue conoscenze su un tema così delicato che si sposa naturalmente con l'Applied Behavior Analysis e che soprattutto ne amplia i confini. Da un'accurata disamina del testo si evince chiaramente l'amore e la passione che Alessandra ha profuso nel suo lavoro e che racchiude il suo desiderio di migliorare la qualità della vita dei suoi allievi. L'inclusione degli alunni con disabilità rappresenta un compito essenziale del nostro sistema scolastico, in quanto concretizza realmente un valore sociale condiviso e applica una precisa norma costituzionale: il fondamentale principio di uguaglianza (art. 3). La conoscenza di tutte le tematiche connesse all'integrazione dei servizi e lo sviluppo di procedure facilitanti rappresentano una modalità imprescindibile di lavoro. Migliorare la competenza in una didattica inclusiva in tutti i docenti diventa il fattore decisivo per l'integrazione dell'alunno con disabilità e conseguentemente per il suo sviluppo di persona. Nell'ultima classificazione l'OMS fa riferimento a termini che analizzano la salute dell'individuo in chiave positiva: funzionamento e salute. L'ICF (Classificazione Internazionale del Funzionamento, della disabilità e della Salute) vuole fornire un'ampia analisi dello stato di salute degli individui ponendo la correlazione fra salute e ambiente, arrivando alla definizione di disabilità, intesa come una condizione di salute in un ambiente sfavorevole. Ciò che importa è intervenire sul contesto sociale costruendo reti di servizi significativi che riducano la disabilità. Il contributo principale di questo lavoro sta nell'aver indagato circa la possibilità di facilitare, tramite l'utilizzo di strategie metodologiche comportamentali dell' Applied Behavior Analysis (ABA), la pratica di sport ad alunni con spettro autistico, con l'obiettivo di supportare la scuola nel trovare strategie valide per evitare il disagio di allievi, che incontrano costantemente ostacoli nell'acquisizione di una o più abilità e di conseguenza restano ai margini della vita sociale non solo scolastica.

Introduzione

Il lavoro di docente di sostegno, che svolgo presso l'Istituto Comprensivo "Salvatore Di Giacomo 3", S. Chiara, Qualiano, Napoli, e quello di formatrice per il Comitato italiano paralimpico e al CONI per attività di formazione motoria adattata, mi ha portato a rispondere nel corso del tempo a domande sempre uguali, circa la possibilità di far praticare attività motoria a scuola in maniera efficace a tutti i bambini diversamente abili, ma in particolar modo a quelli autistici, che pongono il docente davanti ad una problematica metodologica alquanto complessa.

Consapevole di tutte le reali sfide, che questo tipo di disabilità comporta, ho avanzato il tentativo di sviluppare un graduale e realistico percorso di ricerca basata sull'analisi del comportamento al fine di suggerire, grazie alla supervisione della dott.ssa Rosaria Benincasa, psicologa, analista del comportamento Behavior Analyst Board Certified ® (BCBA ®)[2] una serie di strategie metodologiche sui giochi motori, dopo

[2] Il Behavior Analyst Board Certified ® (BCBA ®) è una certificazione post-laurea in analisi del comportamento. Professionisti certificati a livello BCBA sono professionisti indipendenti che forniscono servizi di analisi del comportamento. Il Board è ente americano nato nel 1998 per definire degli standard e dei requisiti di formazione, supervisione e tirocinio necessari per avere la qualifica di Analista del Comportamento Certificato.
Questo ente è nato a tutela degli utenti dei servizi di analisi del comportamento per garantire che i professionisti avessero un'adeguata formazione e esperienza. Credenziali instituite dal Board: BCBA® (Board

averli quotidianamente verificati, sulla specificità del caso, per giungere ad ampliare il repertorio di comportamenti dell'individuo o per sostituire i comportamenti disadattivi presenti.

L'intento è quello di trarre elementi utili e ripetibili da poter applicare alla realtà scolastica che, seconda solo alla famiglia come luogo di vita, si scontra quotidianamente in modo diretto e continuativo con le specifiche difficoltà dell'alunno.

"L'Analisi Comportamentale Applicata, (ABA), è utilizzata per sostenere persone con ritardo evolutivo in almeno sei modi:[3]

1. *Aumentando comportamenti e abilità adattivi;*
2. *Facilitando l'apprendimento di nuove abilità e conoscenze;*
3. *Mantenendo comportamenti adattivi, socialmente accettabili;*
4. *Estendendo e generalizzando comportamenti e abilità da un setting all'altro e da una situazione all'altra;*
5. *Riducendo la condizioni in cui si verificano comportamenti problema;*
6. *Riducendo l'intensità e la frequenza dei comportamenti problema*".

Certified Assistant Behavior Analyst®): il professionista deve possedere una laurea magistrale e deve avere superato un Master ABA di II livello o corsi similari. Il BCBA® progetta e supervisiona interventi analitico comportamentali, supervisiona il lavoro degli Assistenti degli Analisti del Comportamento (Board Certified Assistant Behavior Analysts – BCaBA®) e dei terapisti che implementano gli interventi (RBT).

[3] Moderato P., Copelli C.," *L'Analisi Comportamentale Applicata. Parte prima: teoria, metateoria, fondamenti",* pag. 32, Università UILM-IESCUM.

Questo studio propone la prova e la verifica attraverso l'analisi dei dati raccolti sulla manipolazione di quelle variabili indipendenti, introduzione del gioco della peteka, che possono modificare il comportamento, variabile dipendente, ad esso correlato.

Capitolo I

Sport e inclusione

Durante la mia esperienza nei corsi di formazione a colleghi di educazione motoria, le domande, che mi hanno sempre rivolto, riguardavano appunto il voler avere la "*ricetta perfetta*" per insegnare anche a bambini affetti da sindrome dello spettro autistico. Così, grazie al mio lavoro in situazione, a scuola, ho cercato di capire quale fosse la metodologia più adatta per creare occasioni di gioco sportive veramente inclusive, che potessero favorire da un lato l'acquisizione di comportamenti sociali adeguati e dall'altro una maggiore conoscenza (intendo da parte di professori e alunni) di un loro compagno di classe, magari definito fino a quel momento un po' bizzarro, rigido, strano.

Posso affermare che la metodologia dell'analisi del comportamento, se applicata con rigore scientifico, risulta utile per l'acquisizione non solo di comportamenti sociali più adeguati, ma permette l'ingresso e la partecipazione attiva di questi bambini in gruppi sportivi, ricreativi, PON e progetti, fino a questo momento non completamente accessibili, in quanto strutturati molte volte in maniera inefficace. L'attuale ricerca nell'analisi comportamentale, applicata alla prestazione sportiva, ha gettato le basi (ipotizzo saranno necessarie ulteriori ricerche) per poter essere utilizzata con successo a tutti i livelli di sport e in tutti gli sport, non solo da soggetti neurotipici, ma soprattutto per quelli affetti da disturbo dello spettro autistico.

Per il mio lavoro mi sono avvalsa di alcune fonti scientifiche[4]. La maggior parte delle ricerche consultate si divide principalmente in tre filoni: quello a base analitico comportamentale, quello di matrice socio cognitiva e infine di matrice sociale. Ciò che indagano, in particolare, le ricerche scientifiche afferisce alla pratica sportiva declinata in tre ambiti diversi.

Il primo contributo è riferibile al filone analitico comportamentale: "*A literature review: Applied Behavior Analysis and performance; the Past, the Present, and the Future*" di A. Molly Patrice Fields[5].

Questo ed ulteriori scritti sono disponibili sul sito: https://bearworks.missouristate.edu/theses, Part of the Applied Behavior Analysis, Missouri State University, Recommended Citation-Fields, Molly Patrice, "*A Literature Review: Applied Behavior Analysis and Performance; the Past, the Present, and*

---

[4] Overview: Initial Publication Rushall, B. S., & Siedentop, D. (1972). The developmental and control of behavior in sport and physical education. Philadelphia, PA: Lea & Febiger. Recommended Reading Luiselli, J. K., & Reed, D. D. (Eds.). (2011). Behavioral sport psychology: Evidence-based approaches to performance enhancement. New York: Springer. Martin, G. L. (2019). Applied sport psychology: Practical guidelines from behavior analysis (6th ed). Winnipeg, Canada: Sport Science Press. Luiselli, J. K., Woods, K. E., & Reed, D. D. (2011). Review of sports performance research with youth, collegiate, and elite athletes. Journal of Applied Behavior Analysis, 44, 999-1002.

[5] A Master's Thesis Submitted to the Graduate College of Missouri State University in Partial Fulfillment of the Requirements for the Degree of Master of Science, Applied Behavior Analysis- Seniuk, H. A., Witts, B. N., Williams, W. L., Ghezzi, P. M. (2013). Behavioral coaching. The Behavior Analyst, 36, 167-72. Martin, G. L., Thompson, K., & Regehr, K. (2004). Studies using single-subject designs in sport psychology: 30 years of research. The Behavior Analyst, 27, 263-280.

the Future" (2020). MSU Graduate Theses. 3589. https://bearworks.missouristate.edu/theses/3589.

Il secondo invece è di matrice socio cognitiva[6]: (Albert Bandura), *"Aspetti psicosociali dello Sport per la Disabilità Giovanile*" Jeffrey J. Martin, 2006. "*Psychosocial aspects of youth disability sport*", Adapted Physical Activity Quarterly, 23(1), 65-77, disponibile sul sito: http://digitalcommons.wayne.edu/coe_khs/17 della Wayne State University.

Il terzo tratta di "*Una revisione meta-analitica dell'efficacia dell'esercizio fisico. Interventi sulla cognizione in individui con spettro autistico. Disturbo e ADHD*", "*A Meta-Analytic Review of the Efficacy of Physical Exercise Interventions on Cognition in Individuals with Autism Spectrum Disorder and ADHD"*, di Beron W. Z. Tan, Julie A. Pooley e Craig P. Speelman, pubblicato online il 13 Luglio 2016. L'articolo è disponibile su sito di Springerlink.com. Parole chiave: Meta-analisi, intervento di esercizio, cognizione ADHD Autismo.

Con il primo contributo, l'ambito di ricerca è sicuramente comportamentale. La maggior parte delle competenze e delle tecniche nello sport possono anche essere suddivise in comportamenti[7], che spesso sono obiettivi all'interno del gioco,

---

[6] La Teoria sociale cognitiva di A. Bandura (1986, 1997). Albert Bandura, psicologo dello sviluppo, è famoso per la sua teoria dell'apprendimento sociale, secondo cui i bambini imparano in un ambiente sociale imitando il comportamento altrui, e per il concetto di autoefficacia, con cui ci si riferisce alla convinzione di poter avere successo o di fallire in una prestazione.

[7] Di J. M. Johnston H. S. Pennypacker ; James M. Johnston; Taylor & Francis Inc, 1993 "Readings for Strategies and Tactics of Behavioral Research",

così come ad esempio i goal finali, segnare punti, segnare fuoricampo, segnare touchdown, ecc. I comportamenti esistono nel regno dello sport all'interno della partecipazione allo sport stesso, in panchina, in decisioni di coaching e anche dal pubblico. L'analisi comportamentale, applicata nello sport, potrebbe avere molte forme e dimensioni diverse. Potrebbe essere utilizzata, ed è stata utilizzata in ricerche passate, per ridurre i comportamenti indesiderati durante le prestazioni sportive, aumentare le competenze tecnicamente valide all'interno delle prestazioni (che possono aiutare a ridurre le possibilità di lesioni o aumentare la produttività e la precisione delle prestazioni), o aumentare la qualità di un "gioco mentale" dell'atleta, che potrebbe includere la consapevolezza e/o la definizione degli obiettivi. La ricerca nell'analisi comportamentale applicata e nella prestazione sportiva ha gettato le basi, per poter essere utilizzata con successo in tutti i livelli di sport.

Nel secondo contributo, l'autore ha indagato gli aspetti psicosociali della partecipazione allo sport con bambini affetti da disabilità, che sono stati esaminati utilizzando la teoria socio-cognitiva e il modello dell'impegno sportivo. "Pertanto, comprendere il coinvolgimento nello sport da parte dei bambini con disabilità dalla prospettiva psicosociale è lo scopo primario dello studio attuale." ("*Aspetti psicosociali dello Sport per la Disabilità Giovanile*", Jeffrey J. Martin).

(Johnston e Pennypacker, 1993, p. 23) Definizione tecnica: il comportamento umano include tutto ciò che una persona fa, come si muove e cosa dice, pensa e sente. "*È l'interazione dell'organismo con l'ambiente, che è caratterizzato da un movimento rilevabile, nello spazio e nel tempo, di alcune parti dell'organismo e che risulta in un cambiamento misurabile in almeno un aspetto dell'ambiente*".

La teoria guida per lo studio attuale proviene dalla teoria cognitiva sociale (Bandura, 1997) e dallo sport come modello di impegno (Scanlan, Carpenter, Simons, Schmidt e Keeler, 1993a). Numerosi scienziati hanno esaminato importanti aspetti psicologici e sociali del coinvolgimento dei bambini e dei giovani nello sport e nell'attività fisica (Brustad, 1992; Weiss & Smith, 1999; Weiss & Stuntz, 2004) quindi l'aumento dell'attività fisica, come quella ottenuta attraverso la partecipazione allo sport, può influenzare positivamente la qualità della vita correlata alla salute (Rejeski, Brawley e Shumaker, 1996). Inoltre, le persone con disabilità hanno spesso reti sociali meno estese e meno amicizie rispetto alle persone non disabili (McNeil, 1993), ciò rende l'ambiente sportivo un'opportunità sociale potenzialmente attraente per i bambini, che desiderano relazioni più forti con i coetanei. Stare con gli amici, partecipando allo sport, è un motivo primario per lo sport giovanile (Weiss & Ferrer-Caja, 2002).

Il terzo contributo, "*A Meta-Analytic Review of the Efficacy of Physical Exercise Interventions on Cognition in Individuals with Autism Spectrum Disorder and ADHD*", è una revisione meta-analitica dell'efficacia dell'esercizio fisico e degli interventi sulla cognizione in individui con spettro autistico Disturbo e ADHD.

Per l'inclusione in questa meta-analisi, i partecipanti allo studio dovevano essere stati diagnosticati con ADHD[8] o ASD[9], compresi i disturbi precedentemente noti come autismo, Asperger e disturbi pervasivi dello sviluppo non diversamente specificato (Associazione Psichiatrica Americana, 2013). Questa ricerca tenta di studiare l'efficacia dell'intervento dell'esercizio sulla cognizione in entrambi i disturbi, contemporaneamente e separatamente in termini di disfunzione esecutiva, (EF) di alcuni specifici esercizi fisici. I domini sono generalmente segnalati come compromessi negli individui con ASD e ADHD, se confrontati separatamente con individui sani, questi riguardano aspetti della pianificazione (ad es. Chen et al. 2016; Hill 2004), set-shifting [10]e memoria di lavoro (ad es.: Chen et al. 2016; Andersen et al. 2015), attenzione sostenuta e persino inibizione. Gli studi hanno usato l'esercizio come strumento intervento nella valutazione di alcuni aspetti della performance cognitiva oggettiva. I benefici dell'esercizio fisico sono stati ampiamente riconosciuti sia in letteratura (es. McMorris et al. 2009) che dai media (Leavy et al. 2011; Marcus et al. 1998). I suoi effetti positivi riportati possono essere

---

[8]ADHD sta per Attention Deficit Hyperactivity Disorder, in italiano Disturbo da Deficit di Attenzione e Iperattività. Si tratta di un disturbo del neurosviluppo caratterizzato da sintomi ben definiti e continui come: difficoltà di prestare attenzione e mantenere la concentrazione; comportamenti impulsivi; irrequietezza fisica. Alcuni ambiti della vita quotidiana, come la scuola e le amicizie, sono significativamente influenzati da questo disturbo, che in Italia affligge circa il 2% dei bambini, soprattutto maschi.

[9] ASD: disturbi dello spettro autistico (dall'inglese Autism Spectrum Disorders, ASD) sono un insieme eterogeneo di disturbi del neurosviluppo, caratterizzati da deficit persistente nella comunicazione sociale e nell'interazione sociale in molteplici contesti e pattern di comportamenti, interessi o attività ristretti e ripetitivi.

[10] Set-shifting fa riferimento alla capacità di cambiare focus attentivo/obiettivo in seguito a differenti stimoli/condizioni.

ampiamente classificati in salute fisica (ad esempio, WHO[11], 2010), comportamentale (ad esempio Sowa e Meulenbroek, 2012), cognitivo (ad esempio Kramer e Erickson, 2007), e la salute o il funzionamento psicosociale (ad esempio Netz et al., 2005). I risultati rivelano un effetto complessivo medio-piccolo dell'esercizio sulla cognizione e sostengono l'efficacia degli interventi di esercizio, per migliorare alcuni aspetti delle prestazioni cognitive in soggetti con ASD e/o ADHD. Inoltre sono emersi effetti per lo più positivi, grazie all'esercizio, sulla performance cognitiva, principalmente su quella esecutiva funzioni (EF) (ad esempio Kramer e Erickson, 2007 e Tomporowski et al., 2008). Gli studi di Sibley e Etnier (2003) hanno riferito che l'effetto dell'esercizio non dipende dal tipo di esercizi, ma meta-analisi di Fedewa e Ahn (2011) hanno trovato un maggiore effetto positivo dell'esercizio aerobico rispetto ad altri tipi di interventi di esercizio (es. esercizi percettivo-motori). Inoltre, altre meta-analisi hanno riscontrato una maggiore capacità cognitiva post-esercizio nei bambini più piccoli (Sibley e Etnier 2003; Fedewa e Ahn 2011). Inoltre, l'effetto dell'esercizio è selettivo e influenza alcune aree della cognizione più di altre. Ciò faciliterà il progresso nella scienza dell'uso dell'esercizio per migliorare la cognizione, identificando quali aree della cognizione non sono influenzate da esercizio fisico e quali fattori ne limitano l'efficacia (ad es. livello di forma fisica, diagnosi).

Il quarto ed ultimo contributo, ancora di matrice comportamentale, è: "*L'influenza delle attività preferite dai bambini su comportamento sociale dei bambini autistici*" di Robert L. Koegel, University of California, Santa Barbara, Kathleen Dyer, The May Institute, Lynn K. Bell, University of

[11] Ingl.: World Health Organization (Organizzazione mondiale della sanità; → OMS).

California, Santa Barbara, pubblicato sul Journal of Applied behavior analysis, Number 3 (FAU1987). Descrittori: comportamento sociale, risposta all'evitamento, autismo, attività preferite, ricerca clinica.

"Una delle caratteristiche dei bambini autistici è un grave comportamento di evitamento sociale", (Hops, 1983; Kanner, 1943; Schreibman, Koegel, Charlop e Egel, 1982). La ricerca valuta se il tipo di attività, a cui erano esposti i bambini, quelle preferite, rispetto ad attività determinate arbitrariamente da un adulto, era correlata con la quantità di comportamenti di evitamento espressi. I risultati hanno rivelato una correlazione negativa tra le attività preferite dai bambini ed i comportamenti di evitamento sociale. Ulteriori analisi hanno rivelato che:

a) i comportamenti di evitamento sociale potrebbero essere manipolati all'interno di un disegno di inversione e, prevedibilmente, diminuirebbero quando i bambini fossero sollecitati ad avviare attività preferite adeguate;
b) queste procedure potrebbero essere utilizzate per insegnare ai bambini ad avviare attività preferite in contesti comunitari, con conseguenti riduzioni nelle risposte di evitamento sociale, anche dopo che i suggerimenti del terapeuta sono stati completamente rimossi.

Le ricerche citate sono alcuni esempi di studio sui risultati, fino ad oggi conseguiti, sugli effetti dell'esercizio e dello sport nei bambini e negli adolescenti con disabilità dello sviluppo. Sebbene emerga una relazione tra le difficoltà di apprendimento e le abilità sociali, sono disponibili poche sintesi sistematiche, che trattino l'efficacia dello sport (in relazione ad altri interventi speciali per bambini con disturbi dell'apprendimento) associato a una riduzione del comportamento disadattivo nei bambini con disabilità, nonché a una migliore forma fisica, autostima e competenza sociale.

Il ciclo di istruzione

L'attività motoria per bambini con spettro autistico[12], sebbene sia incoraggiata, pone il docente davanti ad una serie di difficoltà di realizzazione, dovute alla natura, che caratterizza questo disturbo e che comporta una serie di riflessioni soprattutto metodologiche.

Il comportamento motorio è prima di tutto comportamento sociale, che si sviluppa e si mantiene nel contesto grazie a meccanismi di rinforzo naturale, quali l'interazione con gli altri, il piacere provato nel fare insieme e, favorendo la percezione dell'altro, insegna a comprenderne le intenzioni e a regolarsi di conseguenza. L'interazione è il mezzo attraverso il quale il linguaggio viene acquisito e il motivo per cui viene mantenuto, ma per i bambini con spettro autistico questa motivazione sociale non è così automatica, in quanto (gli stessi) non trovano rinforzanti l'ottenimento e l'interazione con le altre persone e quindi gli stimoli proposti semplicemente non funzionano.

Sebbene gli alunni con disturbo dello spettro autistico siano generalmente dei normodotati, spesso non apprendono

---

[12] Tratto da slide del corso della dott.ssa Rosaria Benincasa, Board Certified Behavior Analyst, BCBA, "ABA e insegnamento delle abilità accademiche", Strategie di insegnamento dal curriculum base a quello intermedio, corso Sophis Academy 2018-Autismo; *Neurodiversità, intesa come una condizione di sviluppo qualitativamente diversa dallo sviluppo tipico. In questa prospettiva non ci sono problematiche da risolvere ma caratteristiche particolari, di fronte alle quali occorre adattare l'ambiente di lavoro, il nostro comportamento e le modalità di intervento.*

dall'ambiente e il deficit sociale in infanzia riduce la partecipazione alle esperienze di apprendimento. Ciò rappresenta un obiettivo primario di intervento e impone alla comunità educante la necessità di ripensare la formazione e l'aggiornamento professionale, in quanto le tradizionali metodologie, che normalmente sono efficaci per l'insegnamento ad un gruppo classe, con alunni autistici inesorabilmente falliscono.

L'incapacità di impegnarsi in questi comportamenti crea un forte ostacolo all'apprendimento e allo sviluppo della socialità. Diventa quindi impossibile rispondere adeguatamente ad un bambino, che non invia né riceve segnali nel modo in cui noi siamo naturalmente attrezzati a riceverli o inviarli. Da qui la necessità di ripensare la metodologia di insegnamento, interrogandosi sui possibili comportamenti problematici, che potrebbero impedire sia al bambino di apprendere nuove abilità, che agli altri di essere efficaci nell'organizzazione delle proposte. "*La diagnosi di autismo non dà di per sé indicazioni specifiche sulle esigenze educative e sullo stile di apprendimento: i bambini sono diversi l'uno dall'altro, occorre adattare l'ambiente di lavoro, il nostro comportamento e le modalità d'intervento alle caratteristiche e alle esigenze individuali selezionando obiettivi e strategie d'insegnamento*"[13].

Sarebbe indispensabile, prima di proporre un qualsiasi gioco motorio, avere chiaro il quadro delle abilità padroneggiate dall' alunno, conoscerne bene il livello dello sviluppo raggiunto, le abilità possedute e quelle emergenti, cioè quei comportamenti

---

[13] Tratto da slide del corso della dott.ssa Rosaria Benincasa, BCBA® (Board Certified Assistant Behavior Analyst®) "ABA e insegnamento delle abilità accademiche" Strategie di insegnamento dal curriculum base a quello intermedio, corso Sophis Academy 2018.

che, per essere messi in atto in maniera efficace, hanno bisogno di poco aiuto.

Per valutare correttamente lo stato di sviluppo del bambino, sarebbe utile saper usare il VB-MAPP "Assessment delle tappe evolutive fondamentali del comportamento verbale e programmazione degli interventi".[14] Il manuale fornisce le indicazioni per la programmazione di ciascuna delle 170 Milestone (pietre miliari dell'apprendimento), insieme a suggerimenti per gli obiettivi per il PEI[15], e rappresenta un buon punto di partenza per valutare il repertorio delle abilità esistenti, per poi strutturare un programma sulla base dei risultati ottenuti. Tradotto in ambito scolastico significa "calibrare gli obiettivi in base al livello e alla funzionalità del bambino, tenendo presente che per l'attività motoria è necessario almeno un curricolo intermedio livello 2 VB MAPP con capacità imitativa".

Una volta raccolti i dati, si procede ad un lavoro d'integrazione tra le abilità, che vogliamo insegnare, e quelle possedute dall'alunno. Senza questo passaggio intermedio rischiamo di proporre attività ad alto sforzo o viceversa basso sforzo, che non ci premetteranno il raggiungimento dell'obiettivo previsto.

---

[14] Mark L. Sundberg, Ph.D. Vb MAPP, "*Assessment delle tappe evolutive fondamentali del comportamento verbale e programmazione degli interventi*", Vannini Editoria scientifica.

[15] Il piano educativo individualizzato (PEI) è il dispositivo pedagogico su cui si fonda l'inclusione scolastica degli alunni e delle alunne con disabilità. Esso deve definire un percorso educativo e didattico che chiama a corresponsabilità gli insegnanti, la famiglia e gli attori extrascolastici.
Il D. Lgs. 66/2017 sull'inclusione scolastica offre l'occasione per ripensare il PEI alla luce della prospettiva biopsicosociale introdotta dalla Classificazione internazionale del funzionamento della disabilità e della salute (ICF), secondo le disposizioni del Decreto Interministeriale 182/2020.

L'analisi sperimentale di un comportamento motorio, che vogliamo far apprendere, parte quindi dalla relazione che c'è tra gli eventi dell'ambiente (stimoli) in questo caso palestra, piccoli attrezzi, se è prevista musica, fischietto, e il comportamento dell'organismo (le risposte possono essere le più varie e possono spaziare dall' evitamento/fuga, all' aumento della stereotipia, isolamento, ecolalie, ecc., mancata reciprocazione) nel tentativo di dimostrare che, manipolandone alcune, altre si modificano. L'organizzazione dell'ambiente palestra, inteso come variabile indipendente (cioè esiste di per sé come ambiente già strutturato e codificato) può "elicitare", cioè evocare, la risposta osservabile dell'organismo (variabile dipendente, cioè il comportamento deriva e dipende dagli stimoli, a cui è stato precedentemente sottoposto). Se vogliamo che l'alunno impari un gioco motorio, dobbiamo organizzare nella task-analysis del compito motorio tutte le relazioni di contingenza fra il comportamento, gli eventi che lo precedono con funzione discriminativa (cioè salienti rispetto al contesto e che indicano all'alunno la possibilità ad agire) e gli eventi che lo seguono con funzione rinforzante (l'insegnante o i compagni che lo elogiano, l'accesso al proprio "rinforzatore" (principio di Premack) oppure ad un gettone della token[16] (rinforzatore simbolico), ma anche specificare il costo della risposta[17].

---

[16]La token economy è un sistema di cambiamento comportamentale costituito da tre componenti principali:

a) un elenco specifico di comportamenti target;
b) token o punti, che i partecipanti ricevono per l'emissione dei comportamenti target, e
c) una lista di item rinforzatori di scambio-item, attività o privilegi preferiti-che i partecipanti ottengono scambiando i token che hanno guadagnato.

[17] Costo della risposta è il termine utilizzato per rimuovere il rinforzo per un comportamento indesiderabile.

Durante il processo d'insegnamento/apprendimento dobbiamo pensare ad organizzare il nostro lavoro, partendo da quei comportamenti motori già acquisiti dal bambino, proseguendo verso quella che Vygotskij (1934) ha definito zona di sviluppo prossimale, ovvero "*la distanza tra il livello effettivo di sviluppo, così com'è determinato da problem solving autonomo, e il livello di sviluppo potenziale, così com'è determinato attraverso il problem solving sotto la guida di un adulto o in collaborazione con i pari più capaci"*.[18]

"La prima domanda da porci è: quali possono essere le difficoltà di un contesto sociale i cui contenuti della comunicazione sono alti rispetto alle competenze possedute? Inserire un bambino in una classe i cui contenuti della comunicazione verbale quotidiana, sono al di sopra del suo livello di comprensione, rappresenta uno dei problemi più significativamente correlati ad un inserimento sociale efficace. [...] tale inserimento deve essere anche utile ed offrire al bambino modelli sociali di interazione con i coetanei." Normalmente nel contesto scuola, nel lavoro di gruppo gli alunni rispondono ad un linguaggio complesso, con un rinforzo intermittente, (pensiamo al fare il punto, in un gioco a squadre, non è che gli alunni vincono subito la partita ma trascorrerà un certo lasso di tempo prima che il gioco si concluda) l'attenzione è continua, l'insegnante si muove in uno spazio ampio, spesso senza punti di riferimento, e tutto ciò per un bambino autistico risulta difficile da decodificare, soprattutto se manca nei prerequisiti fondamentali tipo:

- *L'uso funzionale degli oggetti, non devono scatenarsi stereotipie;*

[18]Ricci C., Romeo A., Bellifemmine D., Corradori G., Magaudda C. (2014), "*Il Manuale ABA -VB Applied Behavior Analysis and Verbal Behavior" 2017. Cap. 4 pag. 77-* Erickson.

- *L'imitazione: distinta in imitazione di gruppo e imitazioni di azioni di gioco;*
- *L'anticipazione cioè il monitoraggio dello sguardo;*
- *La risposta al segnale, ad esempio pronti partenza via! oppure al mio tre si parte;*
- *Imitazione dell'adulto o del compagno come risposta corale.*

In questo caso lavoriamo su abilità parallele, cioè quelle abilità che possono essere mantenute in un gruppo, facendo aumentare la competenza del bambino nella comprensione di istruzioni e risposta alle domande su istruzione, sull'imitazione della risposta (ove sia carente o addirittura assente, altrimenti il bimbo avrà problemi a giocare con gli altri) nel joint attenting, attraverso materiale strutturato, e sfumando gli aiuti o prompt."[19]

(Rif. dott.sa Rosaria Benincasa, Board Certified Behavior Analyst BCBA, dal corso "Le abilità accademiche di base").

Quindi, dato che noi vogliamo che i nostri alunni giochino con gli altri e che mettano in atto dei comportamenti socialmente adeguati, è importante capire le contingenze, che governano la relazione stimoli-comportamento-conseguenze, e controllare tutte quelle condizioni, che sottendono le interazioni tra l'individuo e l'ambiente.

L'efficacia e la rapidità dell'apprendimento dipendono dalle procedure d'insegnamento utilizzate per il conseguimento degli obiettivi formulati.

---

[19] Tratto dal corso on line tenuto dalla Dott.ssa Benincasa Rosaria BCBA® (Board Certified Assistant Behavior Analyst®) "*Abilità accademiche dal curricolo di base a quello intermedio*" organizzato dall'Accademia Sophis - 2018.

Le condizioni indispensabili per un insegnamento efficace sono:

1. controllo degli stimoli, cioè strutturazione ambientale;
2. organizzazione dei materiali;
3. controllo sull'istruzione.

Gli adattamenti

Lo scopo dell'attuale lavoro è quello di fornire delle strategie operative, che possano essere una base di riflessione per effettuare scelte metodologiche consapevoli, perché fondate su una metodologia scientifica.

"L'illustrazione di questi percorsi operativi può consentire un ulteriore approfondimento metodologico e una riflessione sul proprio operato quotidiano. Chiunque è impegnato in professioni che prevedono l'interazione dei singoli individui, potrà notare che servono alcuni precisi accorgimenti per trasformare le esperienze sviluppate in contesti educativi o riabilitativi in ricerche applicate, i cui risultati, prestandosi alla valutazione intersoggettiva, possono arricchire le conoscenze operative in particolari settori(...) tipo quello sportivo".

"La storia dell'individuo con sviluppo atipico include condizioni ed eventi che inibiscono in varia misura le opportunità di apprendimento e di acquisizione di nuove abilità e di nuove forme di comportamento. Queste considerazioni implicano lo studio, l'implementazione e la verifica di soluzioni ambientali finalizzate allo scopo di allargare il repertorio comportamentale dell'individuo facendogli apprendere comportamenti sempre più complessi e adeguati[20]*"*.

---

[20] Giovanni Maria Guazzo, "*L'Analisi Comportamentale Applicata*" Strategie educative per genitori e insegnanti, IRFID (Istituto per la Ricerca, la Formazione e l'Informazione sulle Disabilità), 2011, pag. 25.

Sia dal punto di vista etico che pragmatico qualsiasi comportamento, posto come obiettivo al cambiamento, deve andare a beneficio della persona direttamente o indirettamente, cioè si dovrebbe aiutare a chiarire la significatività sociale relativa al valore abilitativo.

Howhins (1984) suggerì che "*la potenziale significatività di qualsiasi cambiamento comportamentale dovrebbe essere giudicata nel contesto dell'abilitazione",* che lui definì come segue: "L'abilitazione (adeguamento) è il grado in cui il repertorio della persona massimizza i rinforzatori a breve e lungo termine per quell'individuo e per gli altri e minimizza i punitori a breve e lungo termine. In questo caso, le abilità insegnate, potrebbero essere usate in futuro nel gioco con i pari, sia nel gruppo classe che fuori e ciò potrebbe portare gli alunni ad avere più interazioni sociali tipiche della propria età e ad essere accettati dal gruppo dei pari.

Di conseguenza potrebbe aumentare la partecipazione e l'accesso a progetti sportivi extracurricolari, garantendo così il mantenimento di abilità apprese, fornendo contestualmente opportunità di apprendimento di altri comportamenti adattivi, per giungere infine alla massima inclusione nella società ordinaria di appartenenza, secondo il principio di normalizzazione"[21], citato nel libro Analisi del Comportamento Applicata.

---

[21] J.O. Cooper, T.E. Heron, W. L. Hevard, "*Analisi del Comportamento Applicata* ", versione Italiana, ABC Centro ABA. Cit. pag. 173: "il principio di normalizzazione, si riferisce all'uso di ambienti, aspettative e procedure progressivamente più tipici "per fondare e/o mantenere comportamenti personali quanto più possibile culturalmente normali" (Wolfensberger,1972, pag. 28). La normalizzazione non è una tecnica singola, ma una posizione filosofica, che ha l'obiettivo di raggiungere la massima integrazione fisica e sociale delle persone con disabilità nella società ordinaria. Oltre alle ragioni filosofiche ed etiche, per selezionare i comportamenti target appropriati per

Il gioco motorio in chiave comportamentale

La scelta della migliore attività sportiva, in cui inserire l'alunno con disturbo dello spettro autistico[22], è stata complessa, perché si è basata su una delicata combinazione tra le caratteristiche del disturbo, le peculiarità individuali, gli aspetti tipici dell'attività sportiva e le necessità organizzative del contesto scolastico.

Le regole a cui mi sono attenuta sono state le seguenti:

1) il gioco può essere eseguito in un piccolo gruppo e poi generalizzato alla classe;
2) l'alunno conosce e mantiene i propri spazi;
3) c'è solo una regola semplice e chiara;
4) lo spazio del gioco è ben delimitato, ma poco strutturato;
5) gli schemi del gioco sono fissi e non vengono modificati di continuo sulla base dell'accordo tra giocatori;
6) l'alunno può mettere in atto il comportamento atteso velocemente;
7) l'abilità stimolata potrà influire maggiormente su altri comportamenti;

---

età e setting, è necessario ribadire che i comportamenti adattivi, indipendenti e sociali, che entrano in contatto con il rinforzo, hanno maggiore probabilità di essere mantenuti rispetto a comportamenti che non lo fanno.

[22] Il termine autismo deriva dal greco "autus" e significa "sé stesso". Sottotipi di autismo: Asperger, Sindrome di Heller, Sindrome di Rett, Disturbo pervasivo dello sviluppo. DSM5 Sostituisce il termine Autismo con Disturbo dello Spettro Autistico (DSA) definisce l'autismo in termini di: "*Continuum di condizioni, ossia quadri clinici diversi con molte caratteristiche in comune, i cui confini sono sfumati.*"

8) il gioco è adeguato all'età dell'alunno e permette un maggior scambio gratificante con l'ambiente classe di appartenenza.

La proposta segue quelle regolamentate dal CONI[23], ma poi prevede, per il suo apprendimento efficace, l'approfondimento della metodologia e tecnica adattata secondo i principi dell'ABA (Applied Behavior Analisys).

Si sviluppa così in maniera graduata una strategia, in ambienti strutturati per l'occorrenza apprenditiva, che conduce verso il raggiungimento di, seppur modesti, livelli di autonomia, interazione e comunicazione.

Nel fare ciò non si dovrebbe trascurare il gruppo di coetanei, preziose risorse del processo educativo, che quotidianamente entrano in contatto con l'alunno in un setting altamente collaborativo. Nello specifico è stato scelto il gioco inclusivo della "*Peteka* "e delle sue varianti. La scelta è ricaduta su quest'attività ludico/motoria perché sviluppa sia lo schema motorio di base del lanciare, che le capacità coordinative del prevedere traiettorie, distanze, ritmo di lancio esecutivo e successioni temporali delle azioni motorie, e porta l'alunno ad organizzare il proprio movimento nello spazio in relazione al sé, agli oggetti e agli altri. Altro aspetto fondamentale è l'opportunità per l'alunno di imitare il comportamento dei compagni, di aumentare lo span attentivo[24], di focalizzarsi sul compito e di sperimentare l'attenzione congiunta "*joint control*".

---

[23] Secll P., Locatelli E., Milani M., Cazzoli S., (2017), "*Quaderni di Sport di classe –guida per tutor e docenti della scuola primaria*", CONI servizi SPA, Editore Calzetti & Mariucci.

[24] L'Attention span è l'ammontare di tempo nel quale una persona può restare concentrata e non distrarsi, attenzione sostenuta. L'elemento di distraibilità interviene quando l'individuo è preso in modo incontrollabile da altre attività

La prima attività individuata, come prerequisito di gioco proposto, è stato il lancio, poi successivamente sono stati proposti i seguenti giochi.

- **I pompieri a coppie**[25]
  Gli alunni si dispongono a coppie, uno di fronte all'altro, sui lati corti di una tovaglia, che mantengono ai margini dei lembi, tesa tra loro. Al centro viene posizionata una Peteka. Ad un segnale lanciano la pallina, utilizzando la tovaglia che va su e recuperano la pallina, cercando di non farla cadere al di fuori della tovaglia. Il ritmo del gioco è su/giù.
- **Variante con due Peteke**
  Gara di lanci come nell'attività precedente con due Peteke.
- **Variante con scambio di Peteke**
  Al segnale, le squadre degli alunni lanciano la Peteka, cercando di farla cadere nel telo avversario.

---

o sensazioni. L'abilità di sostenere l'attenzione su un compito è cruciale per il raggiungimento dei propri obiettivi.

[25] I *Quaderni Di Sport Di Classe* © 2020, Sport e Salute S.p.A.

Figura 1 – I pompieri a coppie – Posizione dei giocatori

Figura 2 – I pompieri a coppie – La peteka sul telo

Capitolo II

Ipotesi di lavoro

I disturbi generalizzati dello sviluppo costituiscono uno spettro di disturbi cognitivi e comportamentali, caratterizzati da una compromissione grave e generalizzata in diverse aree dello sviluppo: deficit della socializzazione, della comunicazione verbale e non verbale, dell'attività immaginativa e presenza di modalità di comportamento ristrette e ripetitive. I deficit nell'imitazione sono stati ipotizzati come sottostanti ai disturbi sociali, comunicativi ed affettivi, al deficit nel gioco simbolico e nella teoria della mente. Alcuni autori sostengono che il sistema dei neuroni a specchio giochi un ruolo importante nello sviluppo e nell'espressione dell'imitazione e che i sintomi associati all'autismo siano attribuibili ad una disfunzione di tale sistema. Di particolare interesse, considerata la precocità d'insorgenza del disturbo, è lo studio delle abilità sociali e comunicative, che si sviluppano nei primi anni di vita, e, in particolare, i precursori dei comportamenti imitativi, quali abilità di attenzione congiunta, contatto oculare, prossemica, scambio turni, che, risultando deficitari, svolgono un ruolo primario nello sviluppo delle difficoltà comunicative e sociali tipici del disturbo autistico. È un dato ormai consolidato che il deficit sociale e di imitazione motoria riduce la partecipazione alle esperienze di apprendimento, resta da chiarire come costruire questo repertorio comportamentale attraverso l'interazione con altre persone, quando tali interazioni non sono naturalmente rinforzanti. Queste difficoltà ad imitare derivano dalla mancanza di motivazione a farlo[26].

[26]Chevallier C., Kohls G., Troiani V., Brodkin E. S. & Schultz R. T. (2012).

L'imitazione è quindi un'abilità pivotale (rif. dott.ssa Rosaria Benincasa, BCBA) nello sviluppo sociale cognitivo, linguistico futuro.

L'imitazione motoria non è un'abilità unitaria nell'autismo e, nell' approccio proposto, il comportamento target è stato individuato nella durata dell'interazione sociale che, declinata in termini comportamentali, ha preso in considerazione tre comportamenti dello stesso soggetto:

- prossemica, cioè stare ad almeno un metro dal compagno;
- contatto oculare;
- imitazione di azioni di gioco col compagno.

La strategia utilizzata per facilitare l'interazione sociale è stata l'introduzione del gioco a coppie Peteka[27], che veniva eseguito dal soggetto in coppia con un compagno di classe. L'ipotesi allo studio è stata dimostrare come l'attività motoria, tramite procedure individualizzate e costruite ad hoc, possa facilitare l'integrazione e la socializzazione di alunni con disturbo dello spettro autistico, valutati attraverso gli strumenti più utilizzati, basati sulla scienza del comportamento (ABA), quali VB-MAPP di Sundberg[28] 2008 tradotto in italiano nel

---

"*The social motivation theory of autism. Trends in cognitive sciences*", 16(4), 231-239. L'idea che sta alla base della teoria della motivazione sociale è quella secondo cui il valore di ricompensa delle interazioni sociali, percepito come piacere che da esse deriva, alimenta l'interesse per gli altri e favorisce la partecipazione ad esperienze sociali sin dalla prima infanzia (Chevallier et al., 2012).

[27] Quaderni di sport di classe "*Guida didattica per tutor e docenti della scuola primaria*", vol. 2, 2018, Coni servizi S.p.A., Editore Calzetti & Mariucci.

[28] Sundberg, Ph.dM.l., "*Assessment delle tappe evolutive e fondamentali del comportamento verbale e programmazione degli interventi*", 2012, Vannini Editoria scientifica s.r.l. l VB-MAPP.

2012 e l'"ABLL-S". In particolare, attraverso l'attività motoria nel gioco "Peteka" adattato ad un alunno con disabilità intellettiva e autismo (ad esempio con un punteggio ottenuto attraverso test intraverbale[29] di 69,7, età di riferimento 5 anni), si possono incrementare: l'imitazione, il contatto oculare, la prossemica, intesa come il rimanere ad almeno un metro di distanza dal compagno, aumentando il repertorio comunicativo, come sottoprodotto del trattamento.

I numerosi studi pubblicati in proposito mostrano un'ampia variabilità di risultati. Le prestazioni imitative nelle tante declinazioni sembrano variare a seconda del tipo di movimento richiesto (azioni manuali con oggetti, movimenti del corpo, movimenti oro-facciali) e a seconda della natura del compito (imitazione funzionale con oggetti, movimenti con parti del corpo, con tutto il corpo, fino a sequenze di azioni più complesse) e creano una reciprocità, che rappresenta un ponte comunicativo con l'altro.

L'alunno con curricolo base al contrario non reciprocherà l'azione motoria, in quanto non imita, cioè non avrà attenzione congiunta sull'oggetto. Probabilmente non guarderà il

---

Il Verbal Behavior Milestones Assessment and Placement Program (VB-MAPP – L'assessment delle tappe evolutive fondamentali del comportamento verbale e programmazione degli interventi) è basato sul Verbal Behavior di B. F. Skinner (1957), punto di riferimento nello studio del linguaggio. L'innovativo lavoro di Skinner relativo alla psicologia comportamentale e all'apprendimento, oltre allo studio del linguaggio, ha portato allo sviluppo dell'analisi comportamentale applicata (Applied Behavior Analysis – ABA). Il VB-MAPP coniuga le procedure e la metodologia di insegnamento dell'ABA e l'analisi del comportamento verbale di Skinner, con l'obiettivo di fornire uno strumento di valutazione del linguaggio basato sui principi comportamentali per tutti i bambini con ritardi nel linguaggio o altre disabilità evolutive.

[29] Sundberg and Sundberg, "*Intraverbal behavior and verbal conditional discriminations in typically developing children and children with autism*".

compagno, che gli passa la palla (ad esempio, ma può essere un qualsiasi oggetto) e probabilmente non avrà sequenziato, che l'azione motoria è diretta verso uno scopo, perché non possiede i nessi causali. Quindi, in un gioco motorio, probabilmente l'alunno avrà difficoltà a percepire la finalità del gioco, a rappresentarsi mentalmente tutte quelle azioni che, concatenandosi tra loro, portano al raggiungimento dell'obiettivo, a integrare tra loro le regole del gioco e ad attuare una strategia previsionale di successo.

Pertanto, una programmazione efficace all'acquisizione del gioco avrà come obiettivo la declinazione del repertorio imitativo. Aprendo quest'area, si struttureranno tante altre abilità accademiche.

Numerosi autori hanno suggerito linee giuda e criteri per la selezione di comportamenti target, che ruotano tutti attorno alla domanda: "Entro quale limite il comportamento proposto cambierà l'esperienza di vita della persona?". Un importante passaggio preliminare è scegliere i comportamenti, da porre come obiettivo, per una misurazione accurata e affidabile.

I comportamenti possono essere ampiamente descritti come qualsiasi cosa facciano gli esseri viventi. I comportamenti potrebbero essere inerenti all'attività fisica, al parlare, al cantare. Johnston e Pennypacker (1993) hanno formulato una definizione completa di comportamento: "*Il comportamento di un organismo è quella parte dell'interazione di un organismo con il suo ambiente caratterizzato da uno spostamento rilevabile nello spazio attraverso il tempo di una parte dell'organismo e che si traduce in un cambiamento misurabile in almeno un aspetto dell'ambiente"*[30].

Chi scrive parte dall'ipotesi che si possa sviluppare un modello ottimale di attività sportiva per soggetti con sviluppo atipico, se si rispetta un ordine procedurale serio, in quanto ***come tutti i comportamenti anche quello motorio è osservabile, misurabile, descrivibile, dotato di frequenza, intensità e durata, e sottende alle leggi dell'apprendimento; e come tale può essere modificato.***

La ricerca è diretta soprattutto a coloro i quali si trovano quotidianamente davanti al problema di richiedere prestazioni adeguate alle possibilità dei loro alunni, tenendo conto che il comportamento motorio non è un campo di attività, che investe solo il tempo libero, ma è lo strumento fondamentale per sviluppare le prime abilità sociali e l'intersoggettività, che in questi soggetti risultano essere compromesse.

[30] James M. Johnston, Herry S. Pennypacher, "*Strategies and Tactics of Behavioral Research*", Green Gina, edito da Routledge, 2008.

Strategia e metodo operativo

Per la promozione dell'interazione sociale nelle sue componenti comportamentali, contatto oculare, imitazione del gioco e restare ad un metro di distanza dal compagno, è stato condotto un intervento educativo in palestra, coinvolgendo un piccolo gruppo di compagni di classe dell'alunno.

La metodologia usata è stata il *modeling* e l'ombreggiamento (*shadowing*) con *promp*t (aiuto) da maggiore a minore (*fading* riduzione degli aiuti). L'introduzione della nuova attività è stata segnalata da uno stimolo discriminativo, cioè una card simbolo, che ha arricchito quelle presenti nella sua agenda visiva di attività giornaliere, e segnalata da un cronometro impostato per 40 minuti, che ne scandiva l'inizio e la fine.

Con questa strategia l'alunno si è mostrato:

- favorevole al cambio di attività;
- disponibile al cambio di aula verso la palestra;
- disponibile all'apprendimento, soprattutto perché gli viene comunicata in anticipo l'attività da svolgere e quindi non si emettono rigidità comportamentali;
- ha sperimento la possibilità di scegliere con chi giocare.

Il materiale proposto, lenzuolo, palline, peteke, postazioni, ha favorito la partecipazione alle attività proposte, in un luogo privo di distrattori sonori, in quanto era ad esclusivo uso del piccolo gruppo.

Preparazione del programma

Con la supervisione della dott.ssa Rosaria Benincasa, Board Certified Behavior Analyst BCBA), sono stati individuati i seguenti obiettivi:

1. baseline per gli obiettivi stabiliti, raccolta dati e misurazione (Fase A);
2. trattamento che il soggetto effettuerà in palestra con tre compagni (Fase B);
3. analisi del comportamento dopo l'esposizione al trattamento con raccolta dati su prodotto permanente (Fase AB) - *follow-up* in cui valutare la stabilità dei cambiamenti comportamentali desiderati dopo il termine del programma.

- **Fase A**

La misurazione di base, protratta per periodi differenti nei vari ambienti scolastici, come richiesto dalla metodologia sperimentale, si è concentrata su tre obiettivi: restare ad almeno un metro dal compagno, imitazione del gioco col compagno e contatto oculare. Sono stati valutati anche altri aspetti connessi al programma legati al possesso di prerequisiti motori utili alla riuscita del programma. In tal senso è stata adottata, per quanto riguarda la funzione motoria, per la raccolta delle informazioni una checklist, cioè una scala di valutazione elaborata dalla scrivente, per accertare e definire in maniera specifica le abilità padroneggiate, quelle emergenti e quelle carenti. Essa è stata articolata in aree, all'interno dei quali sono previste piccole attività facilmente registrabili. L'insieme degli item contenuti nella scheda di valutazione erano molto semplici, alcuni solo osservativi, altri prevedevano l'esecuzione di prove apposite. La valutazione si riferiva solo all'assenza (X) o la presenza (Y) del grado di padronanza dell'alunno di abilità di base, abilità ritmiche e di coordinazione.

Il repertorio motorio considerato in emergenza per l'alunno ha riguardato le seguenti abilità:

- afferrare la palla con entrambe le braccia tese e poi con una sola mano per almeno 3 metri;
- lanciare una palla, col braccio che si muove sia dal basso verso l'alto, per almeno 2 metri, che dall'alto verso il basso per almeno 2 metri;
- tirare e intercettare, riconoscendo e valutando parabole, traiettorie e distanze;
- abilità d'imitare semplici modelli motori.

Le notizie raccolte:

- forniscono un quadro dettagliato della situazione di partenza e danno modo di capire quale gioco e con quali obiettivi saranno prioritari come comportamenti target nelle attività proposte;
- indirizzano l'attenzione dell'osservatore su settori specifici del comportamento;
- facilitano una verifica obiettiva della situazione dell'alunno a distanza di tempo.

- **Fase B**

Fase di training, il soggetto insieme con tre compagni è stato coinvolto in una serie di attività ludico–motorie, finalizzate all'apprendimento del gioco motorio della Peteka, con la costruzione di un repertorio imitativo attraverso il *modeling* e la guida fisica totale. L'intervento si è concentrato sull' apprendimento di risposta a istruzioni chiare, che non dessero adito a confusione. L'invito verbale è stato sempre lo stesso, in caso di assenza di risposta sono stati forniti *prompt* sulla risposta, è stato fatto ripetere al bambino ciò che gli è stato chiesto, poi è stato effettuato il progressivo *fading* del *prompt*.

- **Follow-up**

In questa fase, come prevede il disegno sperimentale, il trattamento è stato interrotto, mentre si è continuato il monitoraggio delle capacità di rievocazione dell'alunno coinvolto nell'intervento. Il disegno sperimentale (A-B) utilizzato prevedeva, come dato preliminare di misurazione, l'analisi del prodotto permanente, cioè video registrando il comportamento, che può essere misurato in tempo reale osservando le azioni di una persona, e registrando le risposte di interesse, frequenza (o tasso) *rate*, durata, e quindi gli effetti sull'ambiente mentre si verificano. La misurazione dei prodotti permanenti è un metodo di raccolta dei dati *ex post* e riguarda un cambiamento nell'ambiente prodotto da un comportamento, che dura abbastanza a lungo da consentire la misurazione. La misurazione del prodotto permanente non fa riferimento a nessun metodo specifico di misurazione, fa riferimento invece ad un tempo (dopo che si è verificato il comportamento) e ad un mezzo, cioè l'effetto del comportamento con il quale il misuratore entra in contatto, cioè osserva il comportamento.

Sono stati valutati anche altri aspetti connessi al programma, per esempio:

- generalizzare e mantenere il comportamento nel repertorio della persona in contesti e situazioni diversi da quello inziale;
- migliorare la competenza sociale (relazionarsi con gli altri in modo paritario), per esempio lavorare con alunni mai visti;
- migliorare la competenza comportamentale, come eseguire l'istruzione, accettare un contatto fisico, mantenere attenzione congiunta *(joint attenting*);
- migliorare la coordinazione fine oculo-manuale;
- incrementare le occasioni di apprendimento, che il soggetto produce autonomamente (rinforzamento dei comportamenti spontanei verso il perseguimento di obiettivi adeguati, adattandosi a richieste nuove comprendere un gioco nuovo, imitare i compagni);
- stimolare la produzione di richieste (*mand*) e risposte a domande (intraverbale) spontanee nell'alunno, non direttamente connesse al gioco Peteka, che potessero manifestarsi in luoghi e tempi diversi da quelli previsti per il trattamento.

Risultati

Il caso di riferimento ha riguardato un trattamento sperimentale, nel quale sono stati adottati un disegno di tipo A-B su tre comportamenti dell'alunno, per verificare l'efficacia della strategia "gioco motorio Peteka". La sperimentazione è cominciata nel 2019/ 2020 e si è protratta per tutto il 2021.

In concreto, con questo disegno sperimentale lo stesso tipo d'intervento viene applicato in momenti diversi per i diversi comportamenti, che si è deciso di modificare. Se questa introduzione sequenziale della variabile sperimentale determina in tutte le situazioni un miglioramento nel senso ipotizzato, questo costituisce una prova forte dell'efficacia dell'intervento implementato.

Ho supposto che la variabile indipendente, gioco della peteka, fosse utile per favorire l'inclusione sociale dell'alunno durante l'ora di attività motoria svolta con il gruppo classe di appartenenza. L'applicazione del disegno sperimentale è stata sullo stesso comportamento, manifestato dal medesimo soggetto in ambienti diversi: auletta di potenziamento e palestra.

La scrivente ha effettuato per ogni comportamento almeno 3 misurazioni di base, tranne che per l'imitazione in quanto, dopo una prima misurazione, si è deciso di intervenire con un training specifico per l'apprendimento senza errori.

La prima fase corrisponde ad un momento di osservazione di base degli aspetti, sui quali si dovrà intervenire. A questa fase iniziale seguono una fase di applicazione della variabile del trattamento ed una fase conclusiva di interruzione del trattamento, avvenuto durante i mesi estivi, e di valutazione sugli effetti del trattamento al rientro scolastico.

Nel follow up l'intervento è stato interrotto e, al ritorno a scuola, si è controllato il mantenimento delle acquisizioni nel tempo. Da notare come ci sia stato il totale mantenimento di apprendimenti significativi. L'ipotesi, che l'aumento dell'interesse per un nuovo gioco motorio svolto con il compagno in un contesto ludico potesse determinare un miglioramento in ambito relazionale, è stato mostrata dal trend crescente dei comportamenti sociali dell'alunno, i quali arrivarono a stabilizzarsi abbastanza velocemente. L'analisi visiva dei dati, dimostra come sia possibile promuovere semplici forme d'interazione sociale attraverso il gioco motorio della peteka, da parte di un soggetto con disabilità dello spettro autistico e come tali acquisizioni tendono a mantenersi e generalizzarsi.

Infine si è notata una correlazione tra l'intervento e l'incremento del comportamento verbale, nelle forme di *mand* (richieste) e intraverbale (risposta a domande), nell'interazione con i compagni di classe, che ha avuto poi un training d'insegnamento specifico.

Grafici

Analisi Visiva [31]

A livello educativo il lavoro con un singolo soggetto N=1 può risultare molto utile per condurre ricerche adottando disegni sperimentali allo scopo di pervenire a valutazioni il più possibile oggettive e replicabili degli effetti degli interventi implementati, evitando così una valutazione basata solo sull'osservazione descrittiva dei fenomeni apprenditivi. Dotarsi di un sistema di programmazione, raccolta dati e analisi dei dati per la valutazione dell'intervento organizzato può facilitare il compito di tutti i protagonisti dell'intervento abilitativo, equilibrando l'esigenza del mantenimento di alti standard nel servizio e sostenibilità in ambienti di lavoro con risorse limitate.

"La metodologia per pianificare e condurre tali ricerche si concentra sull'esame del comportamento di un singolo individuo nel tempo, monitorando le modifiche che si determinano a seguito dell'introduzione di particolari tipologie d'intervento, che rappresentano di fatto, le variabili indipendenti del disegno sperimentale".(Cottini 2003).[32]

---

[31]L'analisi visiva dei dati ha permesso immediatamente di verificare la significatività dell'intervento educativo proposto. "*È importante che i dati siano collocati sul grafico per mostrare l'evoluzione del comportamento durante le differenti tappe dell'esperienza sperimentale",* pag 52, Lucio Cottini "*Fare ricerca con singoli soggetti"*, 2016, IRFID.

[32]Cottini L., *"Fare ricerca con i singoli soggetti" Principi metodologici e applicazioni in educazione speciale e in psicologia clinica.* Pag. 7, IRFID, 2016.

Figura 3 – Grafico "Stare ad almeno 1 m di distanza dal compagno"[33]

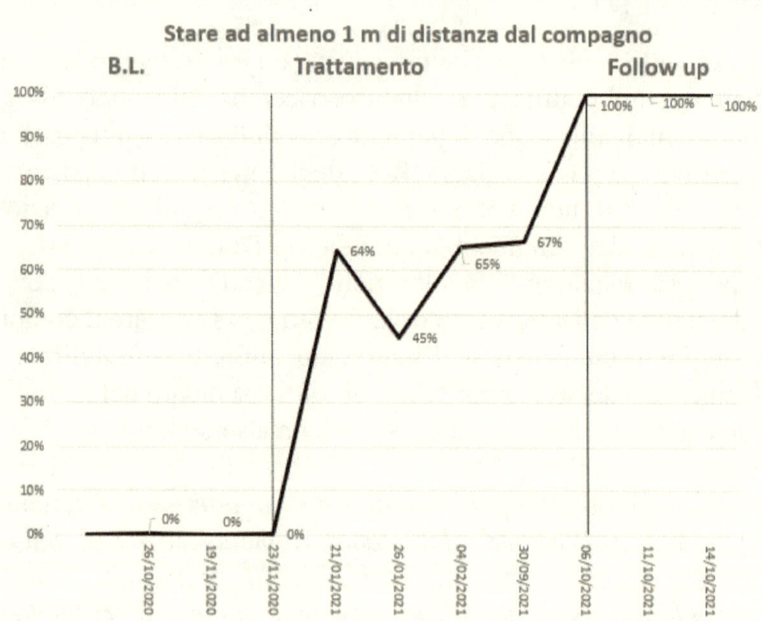

[33]Si ringrazia per il supporto tecnico relativo ai grafici presenti nel libro il collega Prof. Rosario Prencipe.

Figura 4 – Grafico "Rate dati contatto oculare al compagno"

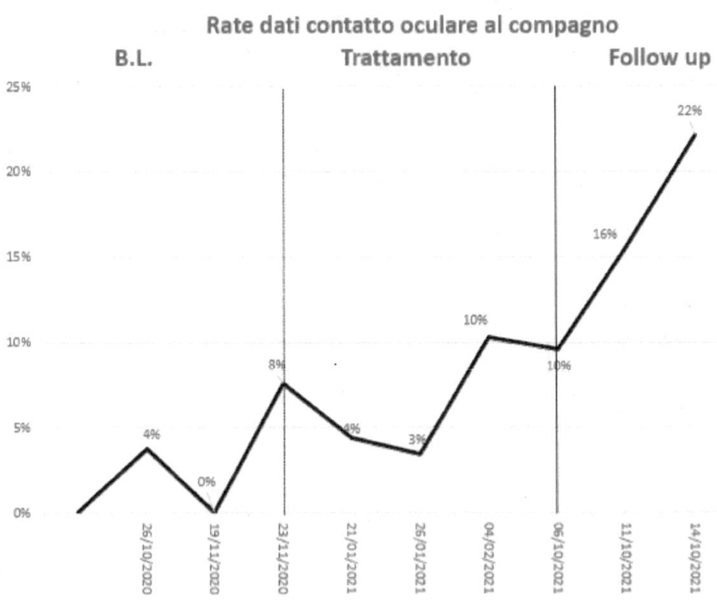

Figura 5 – Grafico “Imitazione”

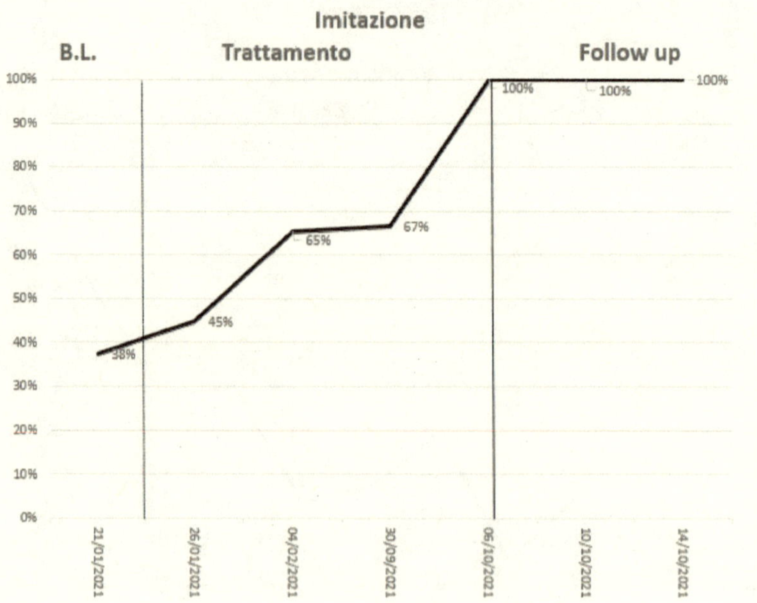

Discussione e conclusione

Durante l'interazione in palestra attraverso il gioco della Peteka c'è stato il miglioramento dei comportamenti target.

Il contributo principale di questo lavoro sta nell'aver indagato circa la possibilità di facilitare, tramite l'utilizzo di strategie metodologiche comportamentali (l' Applied Behavior Analysis (ABA), che affonda le sue radici nelle teorie sul controllo e sulla previsione delle condizioni, che concorrono a descrivere il comportamento umano), la pratica di sport ad alunni con spettro autistico, con l'obiettivo di supportare la scuola nel trovare strategie valide per evitare il disagio di allievi, che incontrano costantemente ostacoli nell'acquisizione di una o più abilità e di conseguenza restano ai margini della vita sociale non solo scolastica.

Quest'analisi rivela che la pervasiva mancanza di risposta sociale potrebbe essere manipolata all'interno di un disegno sperimentale AB a soggetto singolo e, prevedibilmente, diminuirebbe quando gli stessi fossero sollecitati ad avviare adeguate attività preferite con i coetanei. Inoltre, queste procedure potrebbero essere utilizzate per insegnare ad avviare attività preferite in contesti comunitari, con conseguenti riduzioni nelle risposte di fuga ed evitamento, anche dopo che i suggerimenti dell'insegante sono stati completamente rimossi, influendo così sulla formazione di abilità utili durante il periodo di frequenza della scuola dell'obbligo, come ad esempio interagire con gli altri per svolgere con competenza un compito anche motorio.

L'attività da me progettata ed organizzata ha consentito di elevare la componente motivazionale dell'allievo, che ha attenzionato e interagito con più partner sociali, ha ridotto i comportamenti indesiderati (come l'allontanarsi dai compagni, non guardarli, etc.) e, contemporaneamente, ha aumentato la sua competenza tecnica, percependosi efficace sia nel compito imitativo che nel gioco proposto.

L'alunno inserito in un piccolo gruppo di pari (compagni di classe), con abilità molto differenti tra loro, ha sperimentato il divertimento nel praticare il gioco ed è rimasto impegnato, perché ha avuto modo di trovare quest'esperienza positiva ed ha selezionato tra i compagni quello, con cui è riuscito a stabilire una buona qualità di rapporto sociale. Non ci sono dubbi sul fatto che il deficit sulle abilità e comportamento dei bambini affetti da spettro autistico sia causa di evitamento sociale. Alcuni studiosi la identificano come strategia utilizzata per terminare le interazioni, che non siano di rinforzo (reciproco). Se fosse così, non sarebbe sorprendente se fosse vero anche il contrario, cioè, se un bambino può impegnarsi in attività preferite e quindi sperimentare il successo, il rinforzo positivo sarebbe ottenuto e le prime fasi del programma di trattamento potrebbero essere più efficaci, se fossero progettate per massimizzare le possibilità di successo dello stesso. L'illustrazione di questo percorso operativo si presta a consentire un ulteriore approfondimento metodologico e una riflessione sul proprio operato quotidiano. Queste nuova via di ricerca potrebbe incorporare la terza ondata di analisi del comportamento applicata ed essere molto più inclusiva in termini di gioco sport a tutti i livelli.

Ringraziamenti

Alla dott.ssa Rosaria Benincasa i cui preziosi insegnamenti hanno aperto nuovi modi di insegnare rendendo migliore il mio lavoro e per aver offerto la sua entusiastica e professionale guida per la realizzazione del libro durante l'anno trascorso.

La mia personale ed affettuosa gratitudine al Dirigente Scolastico dell'I.C. Di Giacomo 3 S. Chiara di Qualiano (NA), prof.ssa Angela Carandente Sicca con la quale la collaborazione è sempre stata piacevole, e per aver mostrato lungimiranza nell'avviare questa sperimentazione necessaria, che interessa e coinvolge la comunità educante tutta.

Ai colleghi per la disponibilità mostrata verso il progetto, in particolare al prof. Rosario Prencipe, agli alunni, Umberto, Cristian, Vincenzo, Eduardo per il coinvolgimento appassionato e divertito alle attività proposte e ai loro genitori per la collaborazione nonostante le difficoltà in tempi di pandemia.

Non meno importante il mio compagno Vincenzo, per tutte le ore passate a visionare, tagliare, montare i video per le prese dati e nel coinvolgimento in questo libro di cui è autore del progetto grafico.

Spero lo senta anche un po' suo!

“Le disuguaglianze sono il freno di ogni prospettiva sociale di crescita”.

Presidente della Repubblica Italiana, 2022, Sergio Mattarella

Bibliografia

Baer,D M.,Wolf,M.M.&Risley,,T.R.(1987), "Some still current dimensions of applied behavior analysis", Journal of Applied Behavior Analysis.

Benincasa Rosaria BCBA (2020), slide dal corso "ABA e abilità accademiche Strategie di insegnamento dal curriculum base a quello intermedio", Sophis Academy.

Benincasa Rosaria BCBA (2021), Slide "La Comunicazione aumentativa Alternativa", corso on line Sophis Academy.

Carroll, R.A., Joachim, B.T., St.Peter, C.C., & Robinson, N. (2015), "A comparison of error-correction procedures on skill acquisition during discrete trial training", Journal of Applied Behavior Analysis.

Carron, V.A., Colman.M.Michelle, Wheeler, "Cohesion and Performance in sport: A Meta Analysis", Journal of Sport and exesercise Psychology, 2002, University of Western Ontario.

Cassamassima F., Traversetti M.,"Programmazione per competenze -Dal Profilo di Funzionamento al PEI" (a cura di) Cajola Chiappetta L. Istituto Didattico, Settembre 2019.

Chevallier, C., Kohls, G., Troiani, V., Brodkin, E. S., & Schultz, R. T. (2012), "The social motivation theory of autism. Trends in cognitive sciences", 16(4), 231-239.

Chevallier, C., Parish-Morris, J., McVey, A., Rump, K. M., Sasson, N. J., Herrington, J. D., &Schultz, R. T. (2015). "Measuring social attention and motivation in autism spectrum disorder using eye-tracking: Stimulus type matters. Autism Research", 8(5), 620-628.

Chiappetta Cajola L. Rizzo A.L., Traversetti M., Bocci F., "I disturbi dello spettro dell'autismo: dagli esiti della formazione degli insegnanti alle politiche per l'inclusione", in Training actions and evaluation processes, Atti del Convegno internazionale SIRD.

Cooper J.O., Heron, T.E. & Heward, W.L (1997), "Applied Behavior Analysis". New York: MacMillan.

Cottini. L. (2016), "Fare ricerca con soggetti singoli", Nola: IRFID SRL.

Ermioni Katartzi E, Tzetzis G., Theodorakis M., P. Vlachopoulos S., Japanese Journal of Adapte Sport Science (2007), "Effects of goal setting and self-efficacy on Wheelchair basketball performance".

Fields, Patrice M. (2020). MSU Graduate Theses, "A Literature Review: Applied Behavior Analysis and Performance; the Past, the Present, and the Future", Missouri State University.

Grow, L.L. Carr, J.E., Kodak, T.M., Jostad, C.M., & Kisamore, A.N. (2011), "A comparison of methods for teaching receptive labelling to children with autism spectrum disorders", Journal of Applied Behavior Analysis.

Guazzo G.M. (2011), "L'analisi comportamentale applicata. Strategie educative per genitori e insegnanti", Nola, IRFID.

Iwata, B.A. (1997), "Negative reinforcement in applied behavior analysis: an emerging technology", Journal of Applied behavior analysis.

J. Johnston, H. Pennypacker (1993), "Strategies and tactics for human behavior research".

Katarina Rotta & Anita Li & Alan Poling, "Participants in Behavior-Analytic Sports Studies: Can Anybody Play Behavior Analysis in Practice".

Kazdin, A.E. & Bootzin, R.R. (1972), "The token economy: an evaluative review", Journal of Applied Behavior Analysis.

Koegel.L.R., University of California, Santa Barbara, Dyer., K The May Institute, Bell.,L.K. University of California "The Influence of child –preferred activities on Autistic children's Social Behavior".

Lovaas, O. I, (1982, August), "An overall evaluation of the young autism project", Paper presented to the American Psychological Association, Washington, DC.

MacDuff, G.S., Krantz, P.J. & McClannhan, *L.E. (2001),* "Prompts and prompt-fading strategies for people with autism. In C. Maurice, G. Green, & R.M. Fox (Eds.), Making a difference (pp. 37-50)", Austin, TX: Pro-Ed.

Martin, J. J. (2006), "Psychosocial aspects of youth disability sport", Adapted Physical Activity Quarterly Wayne State University.

Martin, G. &Pear, J *(2000),* "Strategie e tecniche per il cambiamento. La via comportamentale", Milano McGraw-Hill.

McGhan, A.C., & Lerman, D.C. (2013), "An assessment of error-correction procedures for learners with autism", Journal of Applied Behavior Analysis, 46, 626-639.

Michael, J.L. (1993), "Concepts and principles of behavior analysis", Kalamazoo, MI: Society for the Advancement of Behavior Analysis.

Michael,J.L.(1993), "Concepts and Priciples of Behavior Analysis. Revised Edition" Kalmazoo, MI: Association for Behavior analysis International.

Moderato P., Mancada Manforte, E. (1997), "Metodologia della ricerca in psicologia: pianificazione, controllo e misura". in P. Moderato, F. Rovetto (Eds) Psicologo: verso la professione, Milano McGraw-Hill.

Mulick, J.A. (1990), "The ideology and science of punishment in mental retardation", American journal of Mental Retardation.

Quaderni di Sport (2018), "Guida didattica per tutor e docenti della scuola primaria", Scuola dello Sport CONI, Calzetti & Mariucci Editori.

Ricci C., (2008), "ABA: Applied Behavior Analysis In D. Ianes e A. Canevaro (a cura di) L'integrazione scolastica", Trento Erickson.

Ricci C. (2005), "Valorizzare le differenze individuali", Trento Erikson.

Ricci C.(2012a), "La convenzione ONU sui diritti delle persone con disabilità: Lo scenario europeo nelle esperienze di applicazione dell'ICF in contesti socio-lavorativi. In O.Osio e P. Braibanti (a cura di)", Il diritto ai diritti, Milano Franco Angeli.

Richman D.M., Wacker D.P., Asmus J.M.e Casey S.D. (1998), "Functional analysis and extinction of different behavior problems exhibited by the same individual", Journal of Applied Behhavior Analysis.

Romeo A. e Bellifemine D. (2013), "Trattamento delle stereotipie vocali attraverso una procedura di rinforzo differenziale dei comportamenti diversi e costo della risposta nel contest scolastico", "Disabilità Gravi".

Schultz, R. T. (2015), "Measuring social attention and motivation in autism spectrum disorder using eye-tracking: Stimulus type matters", Autism Research, 8(5), 620-628.

Skinner B.F. (1957), "Verbal behavior", Englewood Cliffs, NJ; Prentice –Hall.

Skinner B.F. (1953)," Science and human behavior", New York, MacMillan.

Skinner B.F. (1969), "Contingencies of reinforcement: A theoretical analysis", New York, Appleton Century Crofts.

Sundberg M.L. (2008), "Verbal behavior milestones assessment and placement program: The VB-Mapp", Concord, CA, AVB Press.

Sundberg M.L.e Michael J (2001), "The benefit of Skinner's analysis of verbal behavior for children with autism", "Behavior Modification".

Sundberg M.L.e Partington J.W (1998), "The need for both discrete trial and natural environment language training for children with autism. In P.M. Ghezzi, W.L, Williams e J.E. Carr (a cura di)", Autism: Behavior analytic perspective, Reno, N.V, Context Press.

www.ingramcontent.com/pod-product-compliance
Lightning Source LLC
LaVergne TN
LVHW091230150826
845673LV00003B/1073

* 9 7 9 8 8 3 5 4 7 7 1 7 3 *